Auf ins Abenteuer!

Prof. Dr. Dietrich Grönemeyer

# Der kleine Medicus

## Von Viren umzingelt

mit Illustrationen von
Sabine Rothmund

**TESSLOFF**

1. Auflage 2021
© 2021 TESSLOFF VERLAG
Burgschmietstraße 2-4, 90419 Nürnberg
Alle Rechte vorbehalten
Idee/Text: Prof. Dr. Dietrich Grönemeyer
unter Mitarbeit von: Dr. Bernd Flessner
Illustrationen: Sabine Rothmund
Grafische Gestaltung, Layout: Marie Gerstner
Lektorat: Anja Starigk

www.tessloff.com

ISBN: 978-3-7886-4413-0

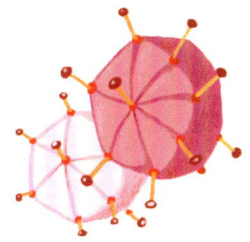
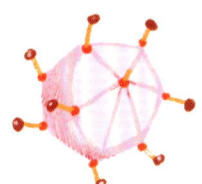

# Inhalt

# Was bisher geschah

Nano wurde aus Versehen im Turbobeamer geschrumpft. Und schon begann eine abenteuerliche Fahrt durch Micro Minitecs Körper – mit Rappel als Copilot! In Micros Magen konnten Nano und Rappel die spektakuläre Zersetzung einer Sardine miterleben. Sie meisterten eine rasante Slalomfahrt durch den Dünndarm, bestaunten kunterbunte Bakterien, wagten eine Melonenkern-OP und landeten schließlich unversehrt ... im Klo. Alles geschafft! Nur: Wird Nano wohl wieder vergrößert werden können?

**Nano** spielt gerne Fußball und möchte später einmal Arzt werden. Seit er Dr. X und Micro Minitec kennengelernt hat, schlittert er von einem Abenteuer ins nächste.

**Marie** ist Nanos kleine Schwester. Sie kann sehr gut singen und hat ein fotografisches Gedächtnis. Manchmal nervt sie Nano ein bisschen. Manchmal aber auch nicht.

**Dr. X** ist Arzt – und Erfinder. Er kennt sich bestens mit Röntgenstrahlen und Holografien aus und hat den Kopf immer randvoll mit neuen Ideen.

**Micro Minitec** ist seine pfiffige Assistentin. Sie hat genauso geniale Ideen wie Dr. X. Ihre allergenialste Erfindung ist der Turbobeamer: eine Schrumpfmaschine!

# Nano kehrt zurück

„Es wird schon klappen", sagte Micro Minitec und kniff die Augen zusammen, um den verkleinerten Mini-Nano besser sehen zu können. „Bleib dort stehen. Der Greifer holt dich ab und bringt dich an die richtige Stelle des Turbobeamers."

„Okay", stimmte Nano zu und richtete seinen Blick nach oben. Dort erschien nach wenigen Sekunden ein Greifarm, der ihm wie eine riesige Kneifzange vorkam. Angst hatte er keine, denn es war derselbe Greifer, der ihn nach seiner Schrumpfung zur Kapsel getragen hatte. Das zangenförmige Gerät umfasste ihn vorsichtig und zog ihn in die Höhe. Nach einer kurzen Reise landete er mitten auf der Unterseite des Hamburgers. „Nicht bewegen!", rief Micro Minitec. „Ich schalte jetzt den Turbobeamer ein!"

Nanos Herz pochte. Als ihn die Maschine geschrumpft hatte, war er ahnungslos gewesen. Jetzt aber wartete er auf das Kribbeln. Und darauf, wieder zur vollen Größe zu wachsen. Sonst müsste er tatsächlich in das kleine Puppenhaus seiner Schwester einziehen.

Die beiden Puppen Klara und Bertha würden dann
seine Mitbewohner sein. Klara fehlte ein Auge, während
Bertha schon mehrmals ein Bein verloren hatte. Und
beide Puppen würden deutlich größer sein als er, sollte
es nicht gelingen, ihn wieder zu vergrößern. Bei dem
Gedanken an diese neue Familie kullerte eine Träne
seine Wange herunter.

Dann spürte er plötzlich das merkwürdige Kribbeln
in seinem Körper und hörte das bekannte Geräusch.
Der Turbobeamer hatte seine Arbeit begonnen.
Wieder kitzelte es überall, wieder musste er lachen,
wieder sauste der grünblaue Lichtstrahl aus der oberen
Brötchenhälfte über ihn hinweg. Sonst passierte nichts.

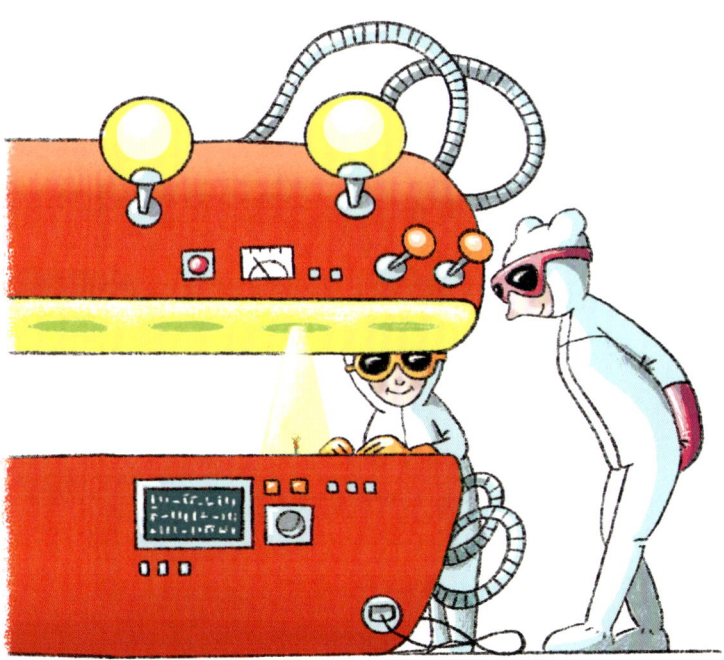

Eine weitere Träne rann über seine Wange. Er war noch immer kleiner als eine Ameise.

„Was soll jetzt ...", begann er, als sich die obere Hälfte des Hamburgers plötzlich in Bewegung setzte und auf ihn zuschoss. Der unvorstellbar große Raum verlor seine Unendlichkeit, die Wände rasten auf ihn zu, das Labor um ihn herum dagegen schrumpfte mit atemberaubender Geschwindigkeit. Unwillkürlich ging Nano in die Knie, um nicht erdrückt zu werden. Doch seine Furcht war unbegründet, das Geräusch verstummte schlagartig und das Kitzeln hörte auf.

„Total irre!", jubelte Micro Minitec und riss ihre Arme hoch. „Du hast es geschafft! Du bist wieder ein Großer!"

„Tatsächlich", schnaufte Dr. X erleichtert. „Der Turbobeamer kann also wirklich Kinder schrumpfen und auch wieder vergrößern."

Nano sah sich um, betrachtete seine Hände und starrte Dr. X und Micro Minitec an. Alles schien zu passen, alles fühlte sich normal an. Nur das Licht kam ihm ein bisschen heller vor, aber das lag wahrscheinlich an der Schrumpfung und Vergrößerung.

„Du darfst deinen Mund ruhig schließen", lachte Micro Minitec und stieg die Leiter hinauf. „Na, wie fühlst du dich? Alles an seinem Platz?"

„Ich denke schon", antwortete Nano.

„Na, dann komm runter", freute sie sich. „Wir machen noch schnell ein paar Tests. Nur um sicherzugehen. Dann wird es Zeit, sich auf den Heimweg zu machen. Nicht, dass gleich noch die Polizei vor der Tür steht."

Mit noch leicht wackligen Knien kletterte Nano aus dem Riesenhamburger und folgte Dr. X in einen Untersuchungsraum, während Micro Minitec um sie herumwirbelte. „Supergranatig!", rief sie dabei und sprang ab und zu vor Freude in die Luft. Dr. X maß Nanos Blutdruck, testete seine Reflexe und zeigte ihm einige Karten mit Rätselaufgaben, die er so schnell wie möglich lösen musste. Aber es war alles in Ordnung. Nach der kurzen Untersuchung verabschiedete sich Dr. X. Und Micro Minitec brachte Nano zu dem selbstfahrenden Auto ohne Räder.

„Sage einfach deine Adresse", strahlte Micro Minitec. „Das Auto bringt dich dann auf dem schnellsten Weg nach Hause. Wir sehen uns, Nano. Bist ein mutiger Forscher! Ehrlich!"

Jetzt strahlte auch Nano und setzte sich gleich auf einen der Sitze. Ein Lenkrad gab es allerdings nicht. Selbst wenn er hätte fahren dürfen, hätte er das Auto nicht lenken können.

„In den Schillerhain dreiundzwanzig", sagte Nano. „Schillerhain dreiundzwanzig", wiederholte eine Computerstimme. „Ankunft in fünfzehn Minuten." Lautlos schloss sich die Haube, dann schwebte das Auto geräuschlos davon. Nano drehte sich noch einmal um und winkte Micro Minitec zu. Der Rückweg wurde für Nano zu einem großen Spaß. Immer wieder verfolgten ihn staunende Passanten oder Autofahrer mit offenem Mund. Ein Kind, das ein schwebendes Auto fuhr, hatte noch niemand von ihnen gesehen. Mal lächelte Nano die Schaulustigen überlegen an, mal grüßte er mit erhobener Hand, als wäre er ein berühmter Filmstar. Viel zu schnell war die Fahrt vorbei. Das schwebende Auto hielt genau vor dem Haus der Familie Sonntag.

Noch bevor Nano die Haustür erreicht hatte, wurde sie mit viel Schwung aufgerissen. Sein Opa begrüßte ihn mit einem finsteren Blick. Nano kannte diesen Blick. Opa hatte mal wieder die mieseste Laune.

„Wo warst du?", polterte er los. „Und erzähle mir nicht, du seist in der Schule gewesen! Der Schuldirektor hat nämlich bei uns angerufen. Er hat dich zufällig im Bus nach Spatzenhorst sitzen sehen. Heute Morgen. Aber wir konnten seine Fragen nicht beantworten."

„Ihr hättet mich doch anrufen können", wehrte sich Nano und zog sein Smartphone aus der Hosentasche. Zu seiner Überraschung zeigte das Display gleich fünf entgangene Anrufe an. Wahrscheinlich war er in der Kapsel nicht erreichbar gewesen.

„Da hat sich nur deine Mobilbox gemeldet", sagte Opa Sonntag finster. „Also, wo warst du?"

„Bei Micro Minitec", antwortete Nano. „Und bei Dr. X."

„Ich will nicht wissen, wie deine Comichefte heißen, sondern wo du warst!", mahnte sein Opa.

„Bei Micro Minitec und Dr. X", erwiderte Nano. „Das sind keine Comicfiguren, das sind Forscher und Ärzte."

„Na klar, und ich bin Astronaut", lachte Opa Sonntag giftig. „Ärzte mit solchen Namen gibt es nicht."

„Doch! Und es sind die besten Ärzte!", sagte Nano.

„Der beste Arzt ist Professor Götz von Schlotter!",
widersprach Opa Sonntag. „Und jetzt reicht es mir!
Geh in dein Zimmer. Unglaublich. Schwänzt die Schule,
um im Bus ungestört seine Comics lesen zu können."
„Ich habe keine Comics gelesen!", wehrte sich Nano und
wollte an seinem Opa vorbei in sein Zimmer laufen,
als dieser plötzlich ein merkwürdiges Gesicht machte.
„Was ist?", fragte Nano. „Geht es dir nicht gut? Du
bist ja auf einmal ganz bleich im Gesicht. Komm mal
lieber schnell rein und setz dich hin. Ich hol dir ein
Glas Wasser."
„Ich habe Kopfschmerzen", antwortete sein Opa und
ließ sich auf einen Stuhl fallen. „Daran bist nur du
schuld. Ich habe sonst nie Kopfschmerzen."

„Soll ich Oma Rosi anrufen?", schlug Nano vor. „Sie hat gute Rezepte dagegen. Pfefferminzöl zum Beispiel."

„Nein, es geht schon", winkte sein Opa missmutig ab.

„Wirklich?", fragte Nano.

„Rauf in dein Zimmer", murrte sein Opa, versenkte seinen Kopf in seine Hände und stöhnte leise.

Nano machte sich zögernd auf den Weg, als plötzlich etwas Wuscheliges an seinen Füßen vorbeiflitzte. Er wollte noch die Haustür schließen, die immer noch offen stand. Doch da war es bereits zu spät.

„Kannickel!", rief seine Schwester Marie auch schon aus dem Flur und rannte an ihm vorbei nach draußen.

Nano warf seinem Opa noch einen Blick zu, dann folgte er seiner Schwester.

„Kannickel! Bleib stehen!", rief Marie, doch der kleine Hund verschwand blitzschnell durch die Hecke.

„Marie!", rief wiederum Nano. „Bleib doch stehen!"

Erst kurz vor dem Dorfweiher gelang es ihm, seine Schwester einzuholen, die am Ufer aufgeregt nach Kannickel suchte.

„Ich habe mit ihm geschimpft", sagte Marie mit Tränen in den Augen. „Er wollte das neue Futter nicht fressen. Es sah auch wirklich eklig aus. So wie Hundefutter eben aussieht."

„Also ist er abgehauen", stellte Nano fest. „Das passt
zu Kannickel. Aber den finden wir schon wieder."
Obwohl Kannickel in der Regel gut folgte, war er
schnell beleidigt und lief auch mal weg. So wie jetzt.
Sie mussten ihn finden, denn wenn Kannickel beleidigt
war, wagte er sich auch auf viel befahrene Straßen.
„Was ist los?", fragte unerwartet eine Stimme.
Nano drehte sich um. Es war Lilly.
„Kannickel ist abgehauen", antwortete Nano.
„Ich helfe euch suchen", sagte Lilly. „Manuel muss auch
gleich kommen. Wir wollten zu dir und fragen, warum
du heute nicht in der Schule warst."

„Das ist eine lange Geschichte", sagte Nano. „Die erzähle
ich später. Lasst uns erst mal Kannickel einfangen."
Bald hatten die Kinder den kleinen Park abgesucht, ohne
auch nur die geringste Spur von dem Hund zu finden.
„Das gibt es doch nicht!", schimpfte Nano nach einer
Weile. „Der kann sich doch nicht in Luft aufgelöst
haben."
„Wer hat sich aufgelöst?", fragte Manuel, der plötzlich
vor ihnen stand. Auf seinen Armen hielt er Kannickel.
„Der saß winselnd vor eurer Gartentür."

# Opa Sonntag als Versuchskaninchen

„Er ist also von ganz alleine wieder nach Hause gelaufen", freute sich Nano.

„Kannickel!", jubelte Marie und nahm Manuel den Hund aus den Armen. „Mein Kannickel!"

„Danke", sagte Nano zu seinem Freund. „Kommt ihr noch mit?"

„Na klar", antwortete Lilly.

Nano wollte sich gerade in Bewegung setzen, als Manuel ihn am Ärmel festhielt.

„Da ist noch etwas", sagte er mit ernster Miene. „Dein Opa ist gerade von einem Krankenwagen abgeholt worden."

„Was?", erschrak Nano.

Auch Marie riss die Augen auf und sah Manuel ebenso fragend an.

„Ich hatte gerade Kannickel auf den Arm genommen, als sie ihn auf einer Trage aus dem Haus geholt haben", fuhr Manuel fort.

„Die Kopfschmerzen!", raunte Nano. „Es war also doch etwas Ernstes."

„Wo ist Opa jetzt?", fragte Marie traurig.

„Das habe ich zufällig gehört", sagte Manuel. „In der Privatpraxis von diesem berühmten Professor aus Garstingen. Du weißt schon, diesem, diesem …"

„… von Schlotter", hauchte Nano. „Professor Götz von Schlotter."

„Genau, so heißt der Typ", lächelte Manuel. „Dein Opa hat selbst bei ihm angerufen. Das hat der Fahrer erwähnt. Die sind mit einem Affenzahn aus der Einfahrt gedüst."

Nano zog sein Smartphone aus der Tasche.

„Am Abgrund 1", sagte er. „Das ist die Adresse seiner Praxis. Mit dem Bus sind wir in ein paar Minuten da. Wer kommt mit?"

Lilly und Manuel sahen sich an und nickten.

„Ich will auch mit", meinte Marie.

„Also los!", gab Nano das Startzeichen. „Der Bus fährt in fünf Minuten. Das können wir noch schaffen."

Die Kinder rannten zur Bushaltestelle, hatten Glück und fuhren nach Garstingen. Als Nano es sich bequem gemacht hatte, rief er seine Mutter an und erzählte ihr, was passiert war.

„Wir kümmern uns um Opa", versicherte er. „Sobald wir etwas wissen, melde ich mich wieder."

„Es wird ihm schon gut gehen", meinte Lilly. „Wenn dieser Professor wirklich so berühmt ist, kann er ihm bestimmt auch helfen."

„Der ist sogar sehr berühmt", stimmte Manuel zu. „Er hat neulich im Fernsehen seine Erfindung vorgestellt, mit der man Krankheiten schneller heilen kann."

„Wir sind gleich da. Da vorne ist es", unterbrach Nano das Gespräch und erhob sich von seinem Sitz. „Pass auf Kannickel auf, Marie."

„Mache ich", antwortete seine Schwester.

Sie stiegen aus und gingen zu Fuß weiter. Nano hatte das Ziel in sein Smartphone eingegeben. Es dauerte nicht lange und sie standen vor einem modernen, weißen Haus, das wie ein riesiger Schuhkarton aussah. Einen Rasen oder eine Wiese gab es nicht. Der weiße Schuhkarton war von einem grauen Steingarten umgeben, in dem kein Grashalm eine Chance hatte. Es gab nur Schotter, ein paar größere Steine und eine Skulptur aus rostigem Stahl, die eine Spinne darstellen sollte. Auf einem großen Messingschild stand: Privatpraxis Professor Götz von Schlotter. Termine werden ausschließlich telefonisch vergeben. Nano, Marie, Lilly und Manuel hielten kurz an und marschierten dann trotzdem zum Haupteingang.

Nano drückte ein paarmal auf den Klingelknopf, bevor sich die weiße Kunststofftür öffnete. Eine Sprechstundenhilfe empfing sie mit finsterem Blick. „Was wollt ihr?", fragte sie unfreundlich. „Wenn ihr einen Kinderarzt oder einen Tierarzt sucht, seid ihr hier falsch."

„Wir wollen zu meinem Opa", erklärte Nano ruhig. „Erwin Sonntag."

„Der wird gerade untersucht", maulte die Frau, die einen weißen Kittel trug. „Das kann dauern. Kommt morgen wieder. Und ruft gefälligst vorher an. Ist das klar?"

Ohne ein weiteres Wort zu verlieren, warf sie ihnen
die Tür vor der Nase zu.

„Na, die hat ja aber mal so richtig gute Laune", meinte
Lilly. „Und was machen wir jetzt? Sollen wir wieder
zurückfahren?"

„Bestimmt nicht", entgegnete Nano.

„Wenn man vorne unerwünscht ist", grinste Manuel,
„dann versucht man es eben hinten."

„Aber vorsichtig", mahnte Nano. „Das Haus ist
bestimmt kameraüberwacht. Vielleicht können wir
ja in eines der Fenster schauen. Los, hier lang!"
Die Kinder sahen sich genau um und schlichen dann
an der Hauswand entlang um den Schuhkarton herum.
Marie hielt Kannickel fest im Arm. Da hörten sie
plötzlich Stimmen. Blitzschnell versteckten sich alle
hinter einem Busch.

„Leise!", flüsterte Nano und spürte seinen Bauch.
Trotzdem beugte er sich vor und schielte vorsichtig
um den Busch herum. Nur ein paar Meter von ihnen
entfernt standen zwei Menschen in weißen Kitteln
vor einer halb geöffneten Tür und rauchten. Kleine
Wölkchen hingen in der Luft.

„Das ist ungesund", flüsterte Marie.

„Psst!", zischte Nano.

„Was war das? Hast du auch etwas gehört?", fragte
der Mann mit der Brille.

„Nein, Herr Professor", antwortete der andere.

„Wir müssen aufpassen, Scherge", sagte der Professor.
„Niemand darf etwas erfahren. Diesen blöden Opa hat
uns wirklich der Himmel geschickt. Endlich können wir
den Nanoroboter testen."

„Und wenn er versagt?", wand Scherge ein. „Wir wissen
nicht, wie der Nanobot auf unsere Befehle reagiert."

„Dann hat der Opa eben Pech", erwiderte der Professor.
„Außerdem hat er ein Aneurysma. Daran kann man
leicht sterben. Und falls etwas schiefgeht, können wir
Micro Minitec die Schuld in die Schuhe schieben."

„Geniale Idee", lachte Scherge. „Sie hat den Nanobot ja schließlich auch erfunden."

„Genau. Nur war sie zu blöd, ihn auch einzusetzen", sagte der Professor. „Weil er angeblich unausgereift ist. Na, zum Glück habe ich mir ihre Pläne besorgt. Sie hat was im Kopf, zugegeben, aber sie hat keine Ahnung von guten Passwörtern. Ihr Computer hat sich nicht besonders lange gewehrt. Ja, wenn der Opa es nicht schafft, ist sie dran. Schließlich ist es ihre Erfindung. Die sie mir freundlicherweise zur Erprobung anvertraut hat."

„Und wenn es doch klappt?", fragte Scherge mit gerunzelter Stirn.

„Dann ist es natürlich meine Erfindung", lachte der Professor. „Dann, mein lieber Scherge, werde ich Millionen und Abermillionen verdienen und mindestens einen Nobelpreis bekommen. Vielleicht sogar zwei oder drei. Ich werde der größte Mediziner aller Zeiten. Bekannter als Conrad Röntgen, bekannter als Christiaan Barnard. Die haben ja nur das Röntgen erfunden und das erste Herz verpflanzt, aber ich, der einmalige, unvergleichliche Professor Götz von Schlotter, ich habe als Erster einen Nanobot gebaut und eingesetzt!"

„Und Micro Minitec?", fragte Scherge.

„Die bekommt keinen Cent und wird mir nie wieder in die Quere kommen. Ich werde es so aussehen lassen, dass sie es war, die versucht hat, die Pläne des Nanobots von mir zu stehlen. Überlass das mal ruhig mir. Und jetzt komm, lass uns weitermachen. Es wird Zeit, dem Opa den Nanobot zu injizieren."

„Ich verstehe kein Wort", flüsterte Lilly. „Was ist ein Nanobot? Wer ist diese Anna Rissma? Und was hat sie mit eurem Opa zu tun?"

„Also, ein Nanobot ist ein winziger Roboter, der so klein ist, dass er im Körper eines Menschen Krankheiten bekämpfen kann", antwortete Nano.

„Nano, du wirst bestimmt einmal Arzt", lächelte Lilly.

„Aber wer diese Anna Rissma ist, das weiß ich auch nicht", fuhr Nano fort. „Ich weiß nur, dass Opa in sehr großer Gefahr schwebt."

„Was sollen wir tun?", fragte Marie mit ängstlicher Miene. „Wir müssen doch unseren Opa retten!"

„Am besten, ich rufe Micro an", sagte Nano entschlossen und ließ sein Smartphone die Nummer der Villa Nachtigall wählen.

„Wer ist Micro?", fragte Manuel. „Etwa diese Micro Minitec?"

„Vielleicht ein Mikrofon?", schlug Marie vor. „Oder eine Mikrowelle. Opa hat eine Mikrowelle in seiner Küche."

„Eine Mikrowelle kann man doch nicht anrufen", schüttelte Manuel den Kopf.

„Jetzt seid doch mal still!", zischte Nano, der inzwischen Schwester Leoberta erreicht hatte, die seinen Anruf sofort an Micro Minitec weiterleitete.

„Micro? Hier ist Nano. Es ist etwas Schlimmes passiert. Und das hat auch viel mit dir zu tun", begann Nano und erzählte der jungen Forscherin, was sich in der letzten Stunde ereignet hatte. Lilly und Manuel hielten ihre Augen offen, um nicht doch noch erwischt zu werden. Marie streichelte Kannickel.

„Ja, wir sind noch immer bei seiner Praxis", sagte Nano, nachdem er seine Erzählung beendet hatte. „Ja, wir warten. Bis gleich."

„Was ist?", fragte Lilly. „Wer ist diese Micro?"

„Die Assistentin von Dr. X", antwortete Nano. „Sie ist schon auf dem Weg zu uns."

„Na, das kann dauern", stöhnte Manuel. „Die Villa Nachtigall steht bekanntlich in Spatzenhorst."

„Das schon", grinste Nano. „Aber Micro wird trotzdem gleich hier sein. Ihr werdet staunen!"

„Und was machen wir solange?", fragte Marie.

„Wir warten", entschied Nano. „Sonst erwischt uns dieser miese Professor doch noch."

Es waren keine zehn Minuten vergangen, als Nano ein leises, surrendes Geräusch hörte. Er sah die anderen an und nickte: „Sie ist da."

„Wohl kaum", meinte Manuel misstrauisch.

Nano aber lächelte überlegen und drehte sich langsam um. Genau in dem Moment stand plötzlich Micro Minitec vor ihm.

# Micro Minitecs Geheimwaffen

„Wie ...?", entfuhr es Manuel, der seinen Augen
nicht traute.

„Das ist die Frau, die wir bei der Villa Nachtigall
gesehen haben", stellte Lilly fest.

„Also doch keine Mikrowelle", stellte Marie mit weit
aufgerissenen Augen fest. „Und auch kein Mikrofon."

„Hallo zusammen", flüsterte Micro Minitec. „Wie ist
die Lage?"

„Sie haben meinen Opa noch immer in der Praxis und
verpassen ihm diesen Nanobot", erklärte Nano. „Und
eine Anna Rissma hat auch etwas damit zu tun. Die
haben wir aber nicht gesehen."

„Anna Rissma? Ach, meinst du vielleicht ein
Aneurysma?", überlegte Micro Minitec. „Das ist
eine krankhafte Erweiterung oder ein Einriss einer
Arterie, also eines Blutgefäßes. Dann haben sie das bei
deinem Opa festgestellt und wollen nun den Nanobot
einsetzen."

„Glaubst du, es könnte klappen?", fragte Nano
sorgenvoll.

„Eher nicht", antwortete Micro Minitec. „Wenn sie meine Pläne benutzt haben, dann kann es gar nicht klappen. Der Nanoroboter war nur ein Entwurf, mehr nicht. Ich hätte ihn niemals gebaut, denn mir sind ein paar Fehler unterlaufen. Das Ding kann nicht wirklich funktionieren. Im Gegenteil: Es ist sogar gefährlich, weil es sich nicht kontrollieren lässt."

„Was sollen wir bloß machen?", wollte Nano wissen. „Die Polizei rufen?"

„Die kann nicht viel machen", antwortete Micro Minitec. „Am besten, wir befreien deinen Opa und bringen ihn in die Villa Nachtigall."

„Befreien? Und wie sollen wir das anstellen?", wunderte sich Manuel. „Dein Name ist zwar echt hip, deine Frisur auch, aber deshalb bist du noch lange keine Superheldin. Kannst du wenigstens Karate?"

„Etwas viel Besseres", lächelte Micro Minitec. „Das machen wir ganz ohne Gewalt. Aber zuerst müssen wir die Lage peilen. Wir müssen wissen, wie viele Personen in der Praxis sind und wo sie sich aufhalten."

„Ein guter Vorschlag", maulte Manuel. „Am besten klingeln wir vorne und fragen."

„Jetzt warte doch mal ab", entgegnete Nano, der sicher war, dass die geniale Erfinderin längst einen Plan hatte.

Micro Minitec machte ein entschlossenes Gesicht und sagte: „Wir scannen das Haus."

Sie hob ihren rechten Arm, an dem sich eine Art Armbanduhr befand. Eine flache, sehr merkwürdig aussehende Armbanduhr.

„Das ist ein Supra-Controller", erklärte sie und drückte auf irgendwelche Knöpfe.

„Und was kontrolliert man damit?", fragte Lilly.

„Die da", lächelte Micro Minitec. „Und die finde ich hip."

Wie aus dem Nichts schwebten plötzlich mehrere Drohnen über ihren Köpfen. Keine von den großen Drohnen, die Pakete zustellten, sondern sehr kleine, die nicht größer waren als eine Libelle und auch fast genauso aussahen. Ein ganzer Schwarm von Libellen.

Nano grinste von einem Ohr zum anderen. Er hatte gewusst, dass Micro Minitec immer für ungeahnte Überraschungen gut war.

„Allerdings", staunte Manuel und kniff die Augen zusammen, um die ebenso leisen wie kleinen Maschinen besser sehen zu können.

„Los geht´s!", sagte Micro Minitec und ließ die Minidrohnen aufsteigen. Sie verteilten sich rund um das Haus. Dann drückte die Erfinderin auf ihren Supra-Controller, über dem nun eine Holografie erschien.

Diesmal war nur Marie überrascht, denn die anderen kannten diese bildliche Darstellung schon aus der Praxis von Dr. X. Allerdings wurde dort der Fuß von Frido durchleuchtet und kein Haus.

„Man sieht alles, jedes Zimmer und sogar Opa", staunte Nano. „Der Professor und dieser komische Scherge stehen neben ihm."

„Dieses System habe ich für das Aufspüren von Erdbebenopfern und Verschütteten erfunden", erklärte Micro Minitec. „Es hat noch ein paar Macken, aber um Götz von Schlotter in die Suppe zu spucken, reicht es allemal aus."

„Es sind also nur drei Leute im Haus, abgesehen von deinem Opa", stellte Lilly fest. „Die unfreundliche Sprechstundenhilfe, der Professor und sein Assistent. Aber wie werden wir mit denen fertig? Die lassen uns ja nicht mal in die Praxis. Das haben wir schon versucht."

„Sie kommen von selbst zu uns", lächelte Micro Minitec. „Ganz von alleine."

„Warum sollten sie das tun?", fragte Manuel. „Kannst du doch Karate?"

„Das nicht", antwortete sie grinsend. „Aber ich kann komponieren."

„Toll. Das hilft uns weiter", meckerte Nano. „Du singst einen Schlager und die Typen da drin ergeben sich."

„Den Schlager möchte ich auf keinen Fall hören", meinte Lilly. „Mir reichen schon die, die meine Mutter ständig hört. Da ergibt man sich auch freiwillig."

„Das braucht ihr auch gar nicht", lächelte Micro Minitec noch immer. „Es ist auch kein Schlager, sondern eine Symphonie, die ich mithilfe einer Software entwickelt habe, die komponieren kann."

„Künstliche Intelligenz?", fragte Manuel.

„Na klar. Wozu ist die denn sonst da?", antwortete sie.

„Meine Hypnosesymphonie Nr. 1 in a-Moll verändert die Stimmung der meisten Menschen und hypnotisiert sie.

Eigentlich, um sie zu behandeln. Doch jetzt können wir damit vielleicht euren Opa retten."

„Ich will nicht hypnisiert werden", sagte Marie traurig. „Und Kannickel auch nicht."

„Es heißt hypnotisiert", erklärte Micro Minitec. „Das griechische Wort ‚hypnos' bedeutet Schlaf. Der Unterschied ist jedoch, dass man bei einer Hypnose nicht wirklich schläft, sondern immer noch ein bisschen wach ist. Wach genug, um Fragen zu beantworten oder Anweisungen entgegenzunehmen. Dieser Zustand wird in der Medizin genutzt, um etwa Ängste zu mildern oder Schlafstörungen zu beheben. Was könnt ihr euch in die Ohren stopfen?"

Nano, Lilly und Manuel zogen kleine Kopfhörer aus ihren Taschen und setzten sie routiniert in die Ohren ein. Marie bekam von Micro Minitec ein Paar Ohrenstöpsel aus Kunststoff. Kannickel ging leer aus, aber auf Hunde hatte die Musik ohnehin keine Wirkung. Auch Micro Minitec setzte sich Ohrenstöpsel ein, bevor sie den Drohnen den Befehl gab, die Symphonie abzuspielen. Aus vielen kleinen Lautsprechern erklang eine unsagbar traurige Melodie. Auf der Holografie war zu sehen, wie die Sprechstundenhilfe, der Professor und Scherge plötzlich innehielten und zu den nächsten Fenstern gingen. Sie öffneten sie und sahen hinaus. Sie machten Gesichter wie Fragezeichen und suchten mit ihren Augen den grauen Steingarten ab.

„Was ist das für eine Musik?", fragte von Schlotter, doch nur Scherge konnte ihn hören. „Woher kommt die?"

„Das ist eine ganz sonderbare Musik", antwortete Scherge. „Ich fühle mich auf einmal ganz traurig."

„Traurig und müde. Unsagbar müde", stimmte von Schlotter zu. „Als hätte ich viele Nächte lang nicht geschlafen."

„Wo ist mein Bett?", murmelte Scherge. „Ich könnte im Stehen einschlafen."

Micro Minitec wartete noch ein paar Takte, dann stoppte sie die Musik und gab den Kindern ein Zeichen, die Ohren wieder zu öffnen.

„Jetzt passt auf!", sagte sie und sprach langsam und deutlich in ihre Armbanduhr: „Götz von Schlotter und Scherge, kommen Sie zur Hintertür! Und bringen Sie Ihre Empfangsdame von der Anmeldung mit!"

„Sie kommen!", hauchte Nano und starrte gebannt auf die Holografie. „Sie kommen tatsächlich!"

„Was dachtet ihr denn?", gab Micro Minitec ein wenig an, zog eine Augenbraue hoch und ließ die Holografie

wieder verschwinden. „Dieses Möchtegerngenie
hat sich mit der Falschen angelegt."

Gemeinsam gingen sie zur Hintertür, die langsam
geöffnet wurde. Der Professor, Scherge und die
Sprechstundenhilfe empfingen sie mit versteinerten
Mienen. Micro Minitec tat so, als wolle sie dem
Professor ins Gesicht schlagen, stoppte ihre Faust
jedoch wenige Zentimeter vor der Nase.

„Ein kleiner Test", sagte sie. „Aber die sind jetzt ganz
woanders."

„Unglaublich!", raunte Nano und betrachtete die drei
Menschen, die wie Wachsfiguren aussahen. „Das ist
ja wie Zauberei."

„Was machen wir jetzt mit ihnen?", wollte Marie
wissen. „Wir könnten sie doch als Schaufensterpuppen
verkaufen? Was meint ihr?"

„In dem Laden kauft dann aber keiner mehr ein",
entgegnete Lilly. „Seht euch die Gestalten mal genau
an."

„Wir versteigern sie im Internet", schlug Manuel vor.
„Jedes Gruselkabinett wird Höchstgebote abgeben."

„Wir machen etwas ganz anderes", erklärte Micro
Minitec und wandte sich den drei Hypnotisierten zu.

„Hört mal zu, ihr drei Amateure. Habt ihr Nanos Opa
schon den Nanobot injiziert?"

„Ja, das haben wir", antwortete von Schlotter mit einer
fast mechanisch klingenden Stimme. „Er ist auch schon
aktiviert."

„Okay, ihr macht jetzt Folgendes: Zuerst löscht ihr die
von mir geklauten Pläne des Nanobots. Dann bringt
ihr Opa Sonntag an diese Tür. Auf einer Trage und so
vorsichtig wie möglich."

„Das werden wir tun", antworteten die drei gemeinsam.

„Anschließend legt ihr euch auf die Praxisliegen und
schlaft tief und fest", fuhr die Erfinderin fort.

„Träumt grässliche Alpträume!", fügte Marie noch
schnell hinzu.

„Eine gute Idee", stimmte Micro Minitec zu. „Ihr wacht erst wieder auf, wenn die Kirchturmuhr morgen früh achtmal schlägt."

„Wenn die Kirchturmuhr achtmal schlägt", wiederholten die drei Hypnotisierten roboterhaft.

„Wenn ihr aufwacht, habt ihr alles über den Nanobot und Opa Sonntag vergessen", befahl die Erfinderin. „Ihr könnt euch an nichts mehr erinnern."

„Wir werden alles vergessen", ertönte das Echo aus drei Mündern.

„Unglaublich", wiederholte Nano und stupste mit dem Finger an den dicken Bauch von Scherge.

„Sehr stark, deine Nummer", meinte Lilly. „Aber was passiert jetzt mit Nanos Opa?"

„Wir behandeln ihn in der Villa Nachtigall", antwortete Micro Minitec und sprach dann in ihr Armband: „Sofort zu meinem Standort!"

„Wer soll zu deinem Standort kommen?", fragte Manuel.

„Mein Krankentransporter", antwortete sie.

Wenig später schwebte ein sehr ungewöhnliches Fahrzeug um die Ecke des großen, weißen Schuhkartons. Es war eindeutig als Rettungswagen zu erkennen, sah aber dennoch ganz anders aus, viel moderner. Außerdem fehlten ihm die Räder.

Nano und seine Freunde bestaunten den Krankentransporter mit großen Augen. Die wurden sogar noch größer, als plötzlich ein blaues Motorrad den Rettungswagen überholte und auf sie zuraste. Wie der Rettungswagen schwebte auch das Motorrad durch die Luft. „Ein fliegendes Motorrad!", raunte Marie. „Ich wusste gar nicht, dass die Polizei so etwas hat."
Das Motorrad landete fast lautlos.

„Darf ich vorstellen? Meine neueste Erfindung: der Micro-Copter!", erklärte Micro Minitec stolz. „Er kann mit 350 Stundenkilometern lautlos durch die Luft gleiten und eine automatische Punktlandung ausführen. Mit ihm kommt der Notarzt superschnell zum Patienten. Wobei sich heute scheinbar jemand anderes das Motorrad geschnappt hat."

Eine Frau in einem blauen Overall stieg vom Motorrad und nahm ihren Helm ab. Wieder machten Nano und seine Freunde große Augen.

„Leoberta!", hauchte Nano.

„Eine fliegende Polizistin!", wunderte sich Marie.

„Und du kennst sie auch noch?"

„Das ist keine Polizistin, sondern Schwester Leoberta aus der Villa Nachtigall", erklärte Nano.

„Ich wollte doch schon lange mal eine Probefahrt unternehmen", sagte Schwester Leoberta breit grinsend.

„Ich kann nur sagen, eine tolle Maschine. Außerdem wollte ich meine Hilfe anbieten. Wie sieht es denn bei euch aus?"

„Wir haben alles im Griff", antwortete Nano.

„Wir bringen Nanos Opa gleich in die Villa", erklärte Micro Minitec. „Er braucht dringend Hilfe."

„Gut, dann werde ich Dr. X informieren und alles vorbereiten. Bitte zurücktreten!", sagte Leoberta, setzte ihren Helm wieder auf und startete den Micro-Copter. Verblüffend leise hob die Maschine ab, drehte eine Runde über ihren Köpfen und verschwand dann.

„Irre!", meinte Marie. „Da möchte ich mal mitfliegen!"

„Das kannst du bestimmt mal", lächelte Micro Minitec. „Aber jetzt müssen wir uns um euren Opa kümmern."

Sie wandte sich wieder dem Krankenwagen zu.

„Alle Türen öffnen", befahl sie, worauf sich tatsächlich alle Türen lautlos öffneten. Gleichzeitig kehrten die Minidrohnen zurück und verschwanden eine nach der anderen blitzschnell in einer Klappe auf dem Dach des Rettungswagens.

„Bringt jetzt Herrn Sonntag her", sagte Micro Minitec zu von Schlotter, Scherge und der Sprechstundenhilfe, die in der Tür warteten. Mit größter Vorsicht schoben sie die Trage mit Nanos Opa zum Rettungsgleiter und hoben ihn mit geübten Griffen
auf die dortige Liege.

„Gute Nacht", sagte Micro Minitec zum Abschied.

„Und träumt abscheulich."

„Jawohl", lautete die Antwort. „Wir träumen abscheulich."

Die drei Hypnotisierten drehten sich um, gingen ins Haus und schlossen die Tür.

„Alles einsteigen!", rief Micro Minitec. Sie lächelte äußerst zufrieden und schwang sich auf den Fahrersitz. Nano setzte sich wie selbstverständlich neben sie. Schließlich kannte er sich mit selbstfahrenden Schwebeautos inzwischen schon ganz gut aus. Dann nahmen auch die anderen im Rettungswagen Platz.

„Zur Villa Nachtigall", befahl Micro Minitec. Für die Kinder hatte sie jedoch einen anderen Plan: „Ich setze euch unterwegs ab. Ihr könnt jetzt sowieso nichts mehr tun. Dr. X wird Herrn Sonntag erst mal gründlich untersuchen. Wir wissen ja nicht, ob die Diagnose von Schlotters tatsächlich stimmt. Erst dann kann er entscheiden, was zu tun ist. Vielleicht muss Herr Sonntag operiert und darauf vorbereitet werden. Auf jeden Fall müssen wir den Nanobot wieder einfangen. Dazu brauche ich euch, Nano und Marie. Morgen früh um acht? Geht das bei euch? Es ist ja Samstag und ihr habt keine Schule. Mein Wagen holt euch ab."

„Na klar", stimmte Nano zu. „Wir wollen doch unseren Opa retten. Auch wenn er manchmal ziemlich stinkig sein kann."

„Und was ist mit uns?", fragte Lilly enttäuscht.

„Ihr könnt morgen leider nicht mit an Bord", sagte Micro Minitec. „Aber ihr könnt mir einen Gefallen tun. Meine elektrischen Drohnen haben nur eine kurze Reichweite. Wenn ihr Lust habt, kommt doch morgen früh noch einmal zurück und beobachtet die Praxis. Ich würde nur zu gerne wissen, was der Professor tut, wenn er aufwacht."

„Wir rufen dich an", freute sich Lilly.

Der schwebende Transporter schloss alle Türen und setzte sich lautlos in Bewegung. Über wartende Autos oder rote Ampeln flog er einfach hinweg. Einige Autofahrer reckten ihre Hälse und hatten Mühe, ihren Augen zu trauen. Für die Kinder war die Fahrt, die eigentlich ein Tiefflug war, natürlich viel zu kurz. Wenn es nach Nano gegangen wäre, dann wäre er mit dem neuartigen Krankentransporter einmal um die Welt geflogen.

# Nano und Marie werden geschrumpft

Am nächsten Morgen fuhr pünktlich Micro Minitecs
Schwebeauto vor und holte Nano und Marie ab. Ihre
Mutter wünschte ihnen Glück und blieb an der Tür
zurück. Am vergangenen Abend hatte sie lange mit
Dr. X telefoniert, der sie ein wenig hatte beruhigen
können. Jetzt hoffte sie, dass ihre Kinder mit guten
Neuigkeiten zurückkehren würden.

Micro Minitec wartete bereits vor dem Haupteingang
der Villa Nachtigall. Nano und Marie sprangen aus dem
Auto und rannten auf sie zu.

„Wie geht es meinem Opa?", fragte Marie sofort besorgt,
ohne zuvor einen guten Morgen zu wünschen. „Was ist
mit ihm?"

„Er hat tatsächlich ein Aneurysma, einen Defekt in
einer Ader", antwortete Micro Minitec. „Aber dennoch
geht es ihm gar nicht so schlecht. Dr. X ist eben einer
der Besten. Ihr könnt euren Opa besuchen. Kommt mit!
Ich zeige euch den Weg."

Nano und Marie folgten ihr in die Villa und standen
bald am Krankenbett ihres Opas.

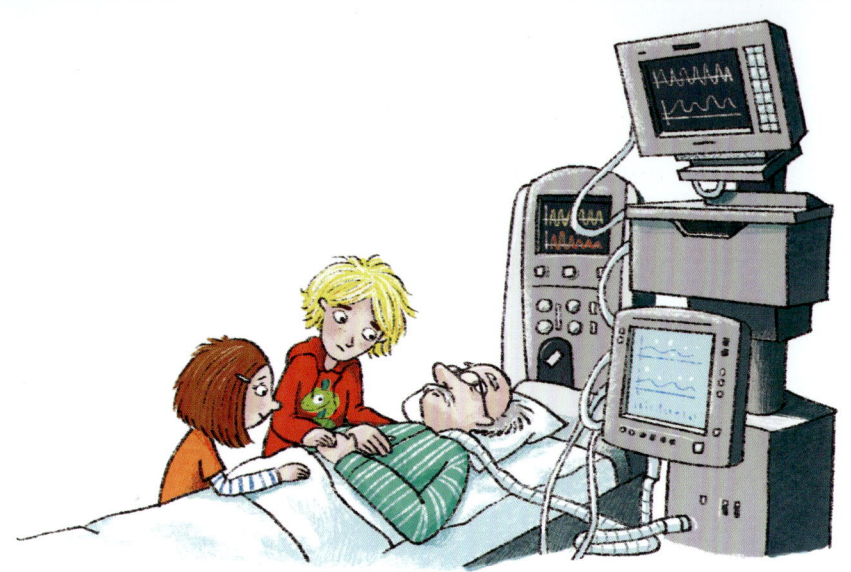

Erwin Sonntag war an mehrere Kabel und Schläuche
angeschlossen. Auf verschiedenen Monitoren
leuchteten allerhand bunte Zahlen, Kurven und Balken.
Nur zu gerne hätte Nano sie verstanden. Aber das war
nur eine Frage der Zeit. In ein paar Jahren würde er sie
verstehen und selbst entscheiden, was zu tun ist.
Opa Sonntag war bei Bewusstsein.
„Opa, wie geht es dir?", fragte Marie.
„Ich weiß nicht", antwortete er mit schwacher Stimme.
„Ich habe immer noch Kopfschmerzen."
Nano legte seine kleine Hand tröstend in die kräftige
Hand seines Großvaters.
„Warum bin ich nicht bei Professor von Schlotter?",
wunderte sich Opa Sonntag.

„Weil der seit gestern pennt", grinste Micro Minitec.

„Weil du hier besser versorgt wirst", erklärte Nano.

„Glaube mir, Dr. X ist der bessere Arzt."

„Deine Comicfigur?", fragte sein Großvater und war kaum zu verstehen.

„Ja, genau die", nickte Nano. „Er wird dir helfen. Vertraue mir."

„Er hat sich schon die ganze Nacht um Sie gekümmert", fügte Micro Minitec hinzu. „Jetzt kommt noch ein kleiner Eingriff, dann geht es Ihnen wieder besser."

„Mein Kopf", stöhnte der alte Mann.

„Was können wir tun?", bohrte Nano. „Warum mussten wir so früh kommen?"

„Weil wir diesmal zwei Bodynauten brauchen", erklärte Micro Minitec.

„Was ist ein Bodynaut?", fragte Marie.

„Ein Mensch, der durch den Körper eines anderen Menschen reist", antwortete Micro Minitec.

Marie lachte laut los: „So etwas gibt es nicht. Verar... ähm, ich meine, veralbern könnt ihr jemand anderen."

„Du wirst es erleben", entgegnete die Erfinderin, „denn du bist einer der beiden Bodynauten, die deinen Opa retten werden. Der andere ist Nano. Er kennt sich da schon ein bisschen aus."

Marie sah ihren Bruder misstrauisch an und schüttelte ungläubig den Kopf.

„Micro hat recht", versicherte er. „Ich habe so eine Tauchfahrt erst kürzlich gemacht."

„Du bist durch Opa getaucht?", erschrak Marie. „Mitten durch ihn hindurch?"

„Nein, nicht durch Opa", widersprach Nano. „Durch Micro Minitec."

Marie sah die Erfinderin an und schüttelte den Kopf: „Niemals. Das glaube ich nicht."

„Doch", bekräftigte Nano. „Vom Mund bis zum Po. Einmal mitten durch ihren Körper."

„Eine rasante Fahrt", bestätigte Micro Minitec.

„Ihr macht euch nur lustig über mich", sagte Marie.

„Wir machen uns nicht lustig", entgegnete die Erfinderin. „Ich habe ein winziges U-Boot gebaut und kann mit einem besonderen Gerät Kinder schrumpfen."

„Mit dem Turbobeamer", ergänzte Nano. „Erwachsene kann sie nicht schrumpfen. Das geht nur mit Kindern."

„Für die Operation brauchen wir eine Assistentin, die dem Chirurgen hilft", erklärte Micro Minitec. „Das wirst du sein. Ihr werdet euren Opa retten – und das gleich zweimal. Ihr werdet das Aneurysma behandeln und den Nanobot finden."

„Da seid ihr ja!", begrüßte sie in diesem Augenblick
Dr. X, der fast in das Zimmer platzte. „Wir müssen uns
beeilen. Gehen wir gleich ins Labor. Eigentlich habe ich
kein gutes Gefühl dabei, aber solange wir nicht wissen,
wie man Erwachsene schrumpft, haben wir keine
andere Wahl, fürchte ich. Nur ihr kommt dafür
in Frage. Traut ihr euch das zu?"

„Sicher", antwortete Nano selbstbewusst. „Ich will
schließlich Arzt werden. Und jeder fängt mal klein an."

„Du bist wirklich ein Minidoktor, ein kleiner
Medicus", freute sich Dr. X. „Micro und ich helfen
euch, gemeinsam können wir es schaffen. Aber wir
haben nicht viel Zeit. Wir wissen nicht, wie sich das
Aneurysma entwickelt und was der Nanobot in eurem
Opa alles anstellt."

Nano nahm seine Schwester an die Hand und zog sie
hinter sich her ins Labor. Erst als sie dort angekommen
waren, ließ ihr Widerstand nach, denn nun sah sie den
Riesenhamburger und die anderen technischen Geräte
mit eigenen Augen.

„Es stimmt also alles", sagte sie mit großen Augen.

„Ja, hier werden wir geschrumpft und wieder
vergrößert", erklärte Nano. „In dem Zwischenraum
des Turbobeamers wartet die Kapsel auf uns."

„Das tut sie nicht", widersprach Micro Minitec.

Jetzt war es Nano, der große Augen machte: „Ich dachte, wir werden geschrumpft?"

„Werdet ihr auch", antwortete Micro Minitec. „Aber ihr fahrt mit dem neuen Miniboot, das ich erst gestern fertiggestellt habe. Es ist ein richtiges Körperfahrzeug und noch viel kleiner als die Kapsel. Es muss diesmal ja durch die Adern passen. Und da liegt auch schon unser erstes Problem. Unsere Magnetsteuerung ist einfach zu träge, um das Boot durch den Körper zu lenken. Du musst als Pilot diese Aufgabe übernehmen. Traust du dir das zu?"

„Klar doch", freute sich Nano. „Ich hab` schon einige Flugstunden an meinem Computer hinter mir. Im Flugsimulator. Das wird ein Klacks!"

„Und noch etwas", setzte Micro Minitec ihre Anweisungen fort. „Ihr habt eine kleine Spirale im Lagerraum, Coil genannt. Damit könnt ihr das Aneurysma verschließen. Ihr stopft sie vorsichtig in die Aussackung der Ader im Gehirn. Wir helfen euch dann."

„Ich habe noch immer Bedenken, aber wir haben keine Wahl", entschied Dr. X. „Schrumpf du die Kinder, ich kümmere mich um die Narkose von Herrn Sonntag."

„Tut das weh?", wollte Marie wissen.

„Kein bisschen", beruhigte sie Nano. „Es kitzelt bloß."
Die beiden Kinder kletterten die Leiter hinauf und
stellten sich in die Mitte des Turbobeamers. Ein paar
Minuten später flammte das grünblaue Licht auf und
das Labor schien auseinanderzufliegen. Die Wände
rasten ins Unendliche davon.
„Hihi", lachte Marie. „Und wie das kitzelt!"
Als sie ihre endgültige Größe erreicht hatten, machte
Nano ein weiteres Mal große Augen. Er kam aus dem
Staunen nicht heraus. Das neue Miniboot entpuppte
sich als rotes, modernes Unterseeboot, das einem
roten Blutkörperchen ähnelte.
„Ein irres Teil", meinte er. „Komm, steigen wir ein."

Das Cockpit erinnerte ihn sofort an ein Raumschiff, das er kürzlich in einem Film gesehen hatte. Die Sitze waren bequem. Sie schnallten sich an. Auf einem Display erkannte Nano einige Symbole und Icons aus der Kapsel wieder.

„Na, ihr Winzlinge, alles startklar?", fragte Micro Minitec. „Oben auf dem Display müssen fünf grüne Signallichter aufleuchten."

„Ja, sie leuchten grün. Wir können starten", antwortete Nano. „Schluckst du uns wieder?"

„Nein, diesmal injiziere ich das Boot zusammen mit etwas Blutserum in eine Arterie", erklärte sie. „Genauer gesagt, in die Leistenarterie, also in die Arterie im Oberschenkel. Arterien sind Blutgefäße, die den ganzen Körper mit sauerstoffreichem Blut versorgen. Übrigens ganz im Gegensatz zu den Venen, die das sauerstoffarme und kohlendioxidreiche Blut zum Herzen transportieren. Ihr könnt in der Arterie direkt bis zum Gehirn reisen. Und genau dort befindet sich das Aneurysma. Von der Leistenarterie bis zum Gehirn hast du genügend Zeit, dich an das Boot zu gewöhnen. Du musst es beherrschen, bis du zum Aneurysma kommst. Eine Operation bei eurem Opa wäre sehr riskant, also versuchen wir es ohne. Und jetzt: Festhalten!"

Sehen konnten sie nichts, nur spüren. Das Miniboot wurde plötzlich von einer Flüssigkeit umspült und kräftig durchgeschaukelt. Zum Glück waren sie angeschnallt, sonst wären Nano und Marie durch das Cockpit geflogen. Schon war der Spuk auch wieder vorbei. Das Boot schwamm nun ruhig in einer weißgelblichen Flüssigkeit.

„Mir ist schlecht", stöhnte Marie.

„Das geht schnell vorbei", tröstete sie Nano, der seinen Magen ebenfalls spürte.

Es dauerte eine Weile, bis sie wieder eine Bewegung bemerkten. Das Miniboot beschleunigte. Endlich konnten sie durch die große Cockpitscheibe etwas sehen. Sie schossen auf die Öffnung eines riesigen Rohres zu, das sie auch gleich verschluckte.

„Die Kanüle", erklärte Nano seiner Schwester. „Das ist die Nadel einer Spritze. Sie ist innen hohl."

Da spuckte die Nadel das Boot schon wieder aus.

Das Licht veränderte sich. Jetzt schwammen sie nicht mehr in einer weißgelblichen, sondern einer blutroten Flüssigkeit. Nano schaltete die Scheinwerfer an.

# Als Bodynauten in Opa Sonntag

„Die Arterie", sagte er. „Wir sind in Opas Blut."

„Das ruckelt aber", bemerkte Marie. „Das Blut fließt nicht gleichmäßig."

„Das ist der Puls", meldete sich Dr. X über Funk. „Das Blut fließt ruckartig durch die Adern, vor allem natürlich durch die Arterien. Der Grund dafür ist das Herz. Es pumpt das Blut nun einmal stoßweise durch den Körper. Das lateinische Wort ‚pulsus' bedeutet Stoß.

Bei eurem Opa sind das im Moment rund 80 Stöße in der Minute. Das ist sein Ruhepuls. Er liegt ja auf dem OP-Tisch und bewegt sich nicht. Da sind 60 bis 80 Stöße ganz normal."

„Na, das wird dann ja eine wackelige Reise", meinte Marie. „Und was sind das für dicke rote Dinger, die uns entgegenkommen?"

„Das sind die roten Blutkörperchen, die wir Ärzte Erythrozyten nennen", antwortete Dr. X. „Die roten Blutkörperchen nehmen in der Lunge Sauerstoff auf, transportieren ihn in den Körper und verteilen ihn dort. Diese hier sind auf dem Weg ins Bein."

„Warum sind sie so rot?", wollte Marie wissen, während Nano versuchte, sich an die Steuerung des Bootes zu gewöhnen. Mit der rechten Hand umfasste er eine Kugel von der Größe einer Apfelsine. Durch sanfte Bewegungen konnte er das Miniboot in verschiedene Richtungen steuern. Doch das war gar nicht so einfach. Er musste erst ein Gefühl für die Kugel bekommen.

„Die roten Blutkörperchen enthalten einen besonderen Stoff, der den Sauerstoff festhält", fuhr Dr. X fort. „Dieser Stoff, das Hämoglobin, enthält Eisen. Das gibt den Blutkörperchen die rote Farbe. Denke einfach an verrostetes Eisen. Rost hat ja auch eine rötliche Farbe."

„Der Mensch hat also jede Menge Eisen im Körper", schloss Marie. „Er muss also auch Eisen essen, um genügend Nachschub zu bekommen."

„Ganz richtig", stimmte Dr. X zu. „Wir müssen Nahrung zu uns nehmen, die Eisen enthält. Wie zum Beispiel Rindfleisch. Aber auch pflanzliche Nahrung enthält Eisen, etwa Nüsse und Getreide, Spinat und Mangold, Linsen und Grünkohl und vieles mehr. Das Eisen wird laufend benötigt, denn der menschliche Körper produziert in jeder Sekunde zwei Millionen neuer roter Blutkörperchen. Nach vier Monaten ist ein Blutkörperchen verbraucht und wird wieder abgebaut."

Es rumpelte. Eines der roten Blutkörperchen hatte die Frontscheibe getroffen. Die Erythrozyten schienen von allen Seiten zu kommen.

„Jetzt seid doch mal still!", beschwerte sich Nano mit Schweißperlen auf der Stirn. „Ich muss höllisch aufpassen. Das Boot lässt sich schwer steuern."

„Das hatte ich befürchtet", sagte Micro Minitec. „Mit der Lenkung war ich von Anfang an unzufrieden."

„Das merke ich", sagte Nano, als das Boot gegen die Wand der Arterie klatschte wie eine Billardkugel gegen die Bande. „Ob wir das schaffen? Zum Gehirn ist es noch weit."

„Ihr schafft das schon. Und bis dahin kannst du
dich noch besser mit der Steuerung vertraut machen“,
meinte Dr. X.

Nano hatte keine Zeit für eine Entgegnung, denn
er musste sich auf die Kugel konzentrieren. Mit Mühe
gelang es ihm gerade noch rechtzeitig, einem
Schwarm von roten Blutkörperchen auszuweichen.
Dafür kam er der Arterienwand gleich danach
wieder gefährlich nahe.

„Nach links!“, rief Micro Minitec.

„Ein guter Tipp!“, murrte Nano, der längst die
Steuerkugel bearbeitete. „Der Pulsschlag bringt
mich immer wieder vom Kurs ab.“

„Ich fürchte, wir haben die Wirkung des Pulsschlags
unterschätzt“, gab Dr. X zu. „Aber lass dich nicht
entmutigen, Nano. Versuche, dich von den Wänden
fernzuhalten. Du könntest sie beschädigen.“

Nano gelang es, einem Blutkörperchen auszuweichen,
ohne die Wand zu berühren. Langsam bekam er
ein Gefühl für die ungewöhnliche Steuerung. Er
manövrierte immer geschickter und konnte sich
erst jetzt die Arterie etwas genauer ansehen.

„Was sind das für gelbe Stellen an den Wänden?“, fragte
er, ohne die Kugel zu vernachlässigen.

„Das sind Ablagerungen", erklärte Dr. X. „Sie bestehen aus verschiedenen Fetten, vor allem aus Cholesterin. Es handelt sich um eine sehr häufige Erkrankung, die wir Arteriosklerose nennen. Je älter ein Mensch ist, umso dicker und gefährlicher können diese Ablagerungen werden. Sie führen oft zu Verengungen und können dann auch Herzinfarkte oder Schlaganfälle im Gehirn auslösen."

„Kann man sie nicht entfernen?", schlug Nano vor. „Ich könnte sie mit dem Greifer packen."

„Jetzt hast du erraten, warum ich Miniboote erfinde", freute sich Micro Minitec. „Ich suche nach Möglichkeiten, genau das zu tun."

„Verstehe", nickte Nano und wich einem sonderbaren Gebilde aus, das kein rotes Blutkörperchen war.

„Besser ist es natürlich, einer Arteriosklerose vorzubeugen", fügte Dr. X hinzu. „Das ist gar nicht schwer und gelingt am besten, wenn man wenig Fleisch isst und gute Öle verwendet, wie etwa Olivenöl. Gesund sind auch Fische und Vollkornbrot. Wenn man sich dann noch viel bewegt und nicht raucht, ist das Risiko deutlich geringer."

„Mein Opa treibt keinen Sport", sagte Marie. „Er sitzt lieber vor der Glotze und schaut Arztserien."

„Dann müssen wir mal mit ihm reden", sagte Dr. X.
„Aber erst, wenn wir das Aneurysma im Griff haben."
„Was ist denn das für ein Ding?", fragte Nano und wich
einem kugelförmigen Gebilde aus.
„Ein Ball mit Noppen darauf", meinte Marie. „Sieht
irgendwie komisch aus."
„Das ist ein Virus", erklärte Dr. X. „Aber keine Sorge,
krank ist euer Opa deswegen nicht gleich. Es gibt mehr
als 3 000 verschiedene Viren auf der Welt. Manche
sind sehr gefährlich. Aber nicht alle lösen immer
Krankheiten aus. Manche Viren bleiben sogar ein Leben
lang in der Blutbahn, ohne Schaden anzurichten."
In diesem Augenblick wurde das Miniboot von etwas
Unbekanntem getroffen und abgebremst.
„Es ist eines von den Viren", rief Nano. „Was will
das Ding von uns?"
Das Virus schob sich gegen das Miniboot. Durch die
Bootshülle drangen sonderbare Geräusche, ganz so,
als wollte das Virus das Boot öffnen.
„Es will uns fressen!", rief Marie entsetzt. „Mach was,
Nano! Schnell!"
„Ich glaube, das Virus hält unser Miniboot für
eine Zelle", meinte Dr. X. „Es versucht, an das Boot
anzudocken, um sein Erbgut in die Zelle zu pressen."

Die Bootshülle knackte und rumpelte. Nano beschleunigte, doch das Virus ließ das Boot nicht entkommen.

„Wir kommen nicht weg", stöhnte Nano.

„Was will das dicke Virus von uns?", maulte Marie.

„Es will sich vermehren", antwortete Dr. X.

„Mit uns?", erschrak Marie. „Das geht doch gar nicht!"

„Ein Virus ist kein vollständiges Lebewesen", erklärte Dr. X. „Es nimmt keine Nahrung zu sich und kann sich nicht selbst vermehren. Um dies dennoch zu tun, speist es sein Erbgut in fremde Zellen ein, wo dann neue Viren gebildet werden. Die Zellen sterben ab und der Körper wird krank."

„Ich will aber nicht von dem dicken Virus befallen werden!", beschwerte sich Marie. „Und vermehren soll es sich auch nicht. Nicht mit uns!"

„Vollgas, Nano, gib Vollgas!", rief Micro Minitec. Er schob den Regler ganz nach oben, aber das Miniboot rührte sich nicht. Dafür wurde das Knacken lauter. Wie aus dem Nichts tauchte ein anderes Gebilde in den Lichtkegel der Scheinwerfer ein. Es war auch rund, aber weißlich.

„Was ist das?", fragte Nano. „Noch ein Virus?"

„Ein weißes Blutkörperchen, ein Leukozyt", sagte Dr. X.

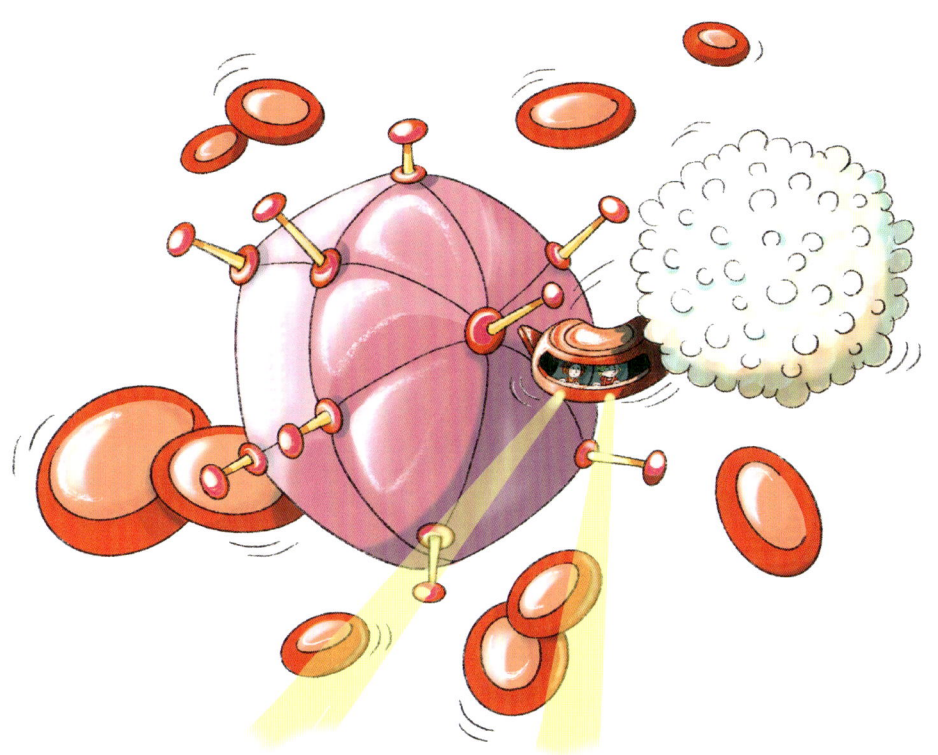

„Will es sich auch vermehren?", fragte Marie ängstlich.

„Nein, es will das Virus genau daran hindern", erklärte
der Arzt. „Es sieht mir ganz nach einer Killerzelle
aus. Bei den weißen Blutkörperchen gibt es nämlich
verschiedene Sorten. Diese hier hat die Aufgabe, von
Viren befallene Zellen zu vernichten und so das Virus
an der Vermehrung zu hindern."

„Dann will es uns vernichten", erkannte Nano. Das Boot
wurde erneut kräftig geschüttelt. Das Virus und das
weiße Blutkörperchen schienen sich um das Miniboot
zu streiten. Plötzlich gab es einen kräftigen Ruck.

„Wir sind frei!", rief Nano überrascht und beschleunigte. Elegant umschiffte er einige rote Blutkörperchen und entkam dem Virus.

„Hätte uns das weiße Dings gefressen?", fragte Marie.

„Nein, das Boot ist nicht zu knacken", antwortete Micro Minitec. „Eigentlich hätte es euch gar nicht als kranke Zelle oder Eindringling erkennen sollen, denn das Boot ist aus Titan. Und das Immunsystem des Menschen kann Titan nicht erkennen. Wir müssen aufpassen."

Nano passte auf und beherrschte die Steuerkugel immer besser. Der Schweiß war von seiner Stirn verschwunden. Er fuhr dicht an der Arterienwand vorbei und drehte schließlich sogar einen Looping im Blutplasma. Den vielen roten Blutkörperchen wich er geschickt aus.

„Ein tolles Boot", lobte er die Konstruktion von Micro Minitec. „Viel besser als die Kapsel."

„Das freut mich", funkte die Erfinderin. „Antrieb und Steuerung scheinen doch gar nicht so schlecht zu sein."

„Aber mir wird wieder schlecht", beschwerte sich Marie.

Nano schob den Regler nach unten, um langsamer zu fahren. Doch Marie spürte kaum einen Unterschied. Im Gegenteil, das Boot fuhr immer ruckartiger.

„Was ist das?", fragte Nano erstaunt. „Der Puls wird stärker. Das Boot kommt schwerer voran."

„Ihr passiert jetzt gleich das Herz", erklärte Dr. X.
„Die linke Herzkammer verteilt das mit Sauerstoff
angereicherte Blut im Körper. Noch schwimmst du also
gegen den Strom, aber bald mit dem Strom, wenn die
Aorta, die Hauptschlagader, euch in den Kopf befördert.
Haltet euch besser fest."

Plötzlich überschlug sich das Boot und drehte im Blut
Purzelbäume. So sehr sich Nano auch bemühte, das
Miniboot wurde zum Spielball des Blutstroms.

„Hilfe!", rief Marie. „Wir sinken!"

„Nein, ihr sinkt nicht", versuchte Micro Minitec,
sie zu beruhigen. „Ihr habt es gleich geschafft."

Das Boot schlingerte und taumelte, drehte sich um
die eigene Achse und wurde von einer ruckartigen
Welle erfasst. Jetzt schoss es von ganz alleine durch die
Arterie. Und auch die Blutkörperchen kamen ihnen nun
nicht mehr entgegen, sondern schwammen im Strom
mit ihnen. Das Boot beruhigte sich wieder.

„Schon besser", sagte Marie, die ganz blass im Gesicht
geworden war. „Wann sind wir endlich da?"

„Es dauert nicht mehr lange", antwortete Dr. X. „Die
Hauptschlagader, die Aorta, habt ihr überstanden. Jetzt
müsst ihr euch rechts halten, um in die Halsschlagader
zu gelangen. Dann erreicht ihr das Gehirn."

„Scharf nach rechts oben!", rief Micro Minitec. „Sonst landet ihr im Arm!"

Nano hatte das Miniboot wieder unter Kontrolle. Er bewegte die Steuerkugel genau im richtigen Augenblick und bog nach rechts oben ab.

„Perfekt", sagte Micro Minitec erleichtert.

„Hier sind wieder ziemlich viele von diesen Ablagerungen", stellte Nano fest. „Opa leidet an Arteriosklerose. Aber noch kommen wir gut durch."

„Der kleine Medicus hat aufgepasst", lobte Dr. X. „Die Halsschlagader ist übrigens oft besonders betroffen. Ein echter Risikofaktor, den wir Ärzte durch tomografische Bildgebung mehr denn je früher sichten und behandeln sollten. Aber du hast recht, noch ist die Arterie offen."

„Es wird heller", sagte Marie.

„Das ist das Licht, das durch die Haut und das Gewebe zu euch gelangt", bestätigte Dr. X. „Jetzt geht es in den Kopf."

# Der Kampf in Opas Kopf

Schon wurde es wieder dunkler, aber die Scheinwerfer sorgten für gute Sicht im Blutstrom. Nano schob den Regler nach unten, um das Boot zu verlangsamen.

Auf keinen Fall wollte er an dem Aneurysma vorbeifahren. Micro Minitec und Dr. X verfolgten das Boot mithilfe ihres Tomografen und einer großen Holografie.

„Noch etwas langsamer", funkte Micro Minitec. „Ihr seid noch zu schnell."

Nano schob den Regler noch weiter nach unten.

Als er wieder durch die Cockpitscheibe sah, fuhr ihm der Schreck in die Glieder. Rechts und links wurde das Miniboot von je einem großen, grünen Gebilde überholt. Auch Marie hatte die Gebilde entdeckt.

„Wir sind nicht allein", vermutete sie. „In Opa sind noch andere unterwegs. Bestimmt hat sie dieser fiese Professor geschickt."

Nano sah sich die Gebilde genau an.

„Das sind keine Miniboote", sagte er. „Ich kann keine Fenster erkennen. Sie sehen eher aus wie Luftschiffe. Aber Luftschiffe im Blut? Das glaube ich nicht."

„Es sind Bakterien", erklärte Dr. X. „Zum Glück sind es nur zwei. Bakterien im Blut können nämlich sehr gefährlich werden. Sie verursachen Entzündungen und können zu einer Sepsis führen, die von Laien auch Blutvergiftung genannt wird. Aber dazu müssten es viel mehr sein als diese zwei."

„Und wie kommen sie ins Blut?", fragte Nano.

„Sehr oft durch Verletzungen", antwortete Dr. X. „Wenn dann Schmutz im Spiel ist, können Bakterien ins Blut gelangen. Wobei nicht alle gefährlich sind. Bakterien sind übrigens im Gegensatz zu Viren richtige Lebewesen, die Nahrung zu sich nehmen und sich durch Zellteilung vermehren."

„Und wo kommen diese zwei her?", wollte Nano wissen.

„Das lässt sich schwer sagen", antwortete Dr. X. „Sie könnten zum Beispiel durch eine winzige Verletzung beim Zähneputzen ins Blut gelangt sein. Im Mund wimmelt es ja nur so von Bakterien. Bestimmt sind sie harmlos. Aber damit sie keinen Schaden anrichten, kannst du sie mit dem Laser abschießen. Oder zumindest eines davon."

Sofort suchte Nano auf dem Display nach dem Symbol für den Laser und das Visier, das auch gleich auf der Frontscheibe eingeblendet wurde.

„Mach schnell!", mahnte Marie neben ihm. „Die Biester hauen ab!"

Tatsächlich, die beiden giftgrünen Bakterien hatten sie nicht nur überholt, sondern schwammen ihnen auch davon. Nano schob den Regler also wieder etwas nach oben und beschleunigte leicht. Langsam holte er die Bakterien wieder ein, die etwas größer waren als das Miniboot. Die Arterie verengte sich, das Manövrieren wurde schwieriger.

„Jetzt!", rief Marie und Nano aktivierte den Laser. Ein heller Lichtstrahl schoss aus dem Bug und traf ein rotes Blutkörperchen, das sofort zerplatzte.

„Mist!", ärgerte sich Nano und nahm eines der Bakterien erneut ins Visier. Diesmal wartete er, bis er es fast anschubsen konnte. Doch im selben Moment zwang ihn die Arterie, eine Kurve zu fahren. Der Laserstrahl verfehlte das grüne Gebilde ganz knapp.

„Komm schon, du schaffst es, Nano!", machte Marie ihrem Bruder Mut.

Nano musste beschleunigen, denn sein Ziel war ihm inzwischen davongeeilt.

„Schneller, schneller!", feuerte ihn Marie an, der die wilde Verfolgungsjagd ganz offensichtlich sehr viel Spaß machte.

„Aber pass auf!", versuchte Micro Minitec, ihn zu bremsen. „Das Ding ist nicht so wichtig."

„Ich habe es gleich!", triumphierte Nano. „Das dicke Ding entkommt mir nicht."

Schnell hatte Nano das Bakterium eingeholt und nahm es ins Visier. Er aktivierte den Laser, doch er war noch zu weit entfernt. Nano beschleunigte das Boot. Schon hielt er wieder auf das grüne Gebilde zu. Er berührte den Auslöser. Der Strahl traf das Bakterium punktgenau. Es zerplatzte auf der Stelle und überzog das Miniboot mit seinen Überresten.

„Na toll", ärgerte sich Micro Minitec unzufrieden. „Jetzt bist du für das Immunsystem nicht mehr getarnt. Es kann dich jetzt für einen Eindringling halten."

„Aber vielleicht lösen sich die grünen Fetzen im Blutstrom auch wieder vom Boot", überlegte Dr. X. „Ihr seid übrigens gleich da. Ihr befindet euch jetzt in einer Arterie, die wir Mediziner Circulus arteriosus cerebri nennen. Das ist eine ringförmige Arterie im Gehirn. Dort liegt auch das Aneurysma. Fahrt langsamer."

Nano schob den Regler nach unten und hielt Ausschau. Auch Marie tastete mit ihren Augen die Arterie ab.

„Wie sieht diese Annadingsbums genau aus?", fragte sie.

„Wie ein großer Sack oder eine Beule", erklärte Dr. X. „An dieser Stelle hat die Wand nicht gehalten und eine Art Blase gebildet. Platzt sie, läuft Blut ins Gehirn, umspült viele Nervenzellen und drückt so auf sie. Das ist sehr gefährlich und kann tödlich enden."

„Da ist es", flüsterte Nano. „Auf der rechten Seite."

„Ja, ihr habt es gefunden", freute sich Micro Minitec. „Jetzt müsst ihr die Coil in die Blase stopfen. Die kleine Platinspirale, die ihr im Laderaum habt."

Nano fuhr an die Blase heran und gab dem Boot den Befehl, die erreichte Position zu halten. Nano und Marie lösten die Gurte und erhoben sich von ihren Sitzen. Schnell zogen sie ihre Sicherheitsanzüge an. Sie betraten eine enge Schleuse und warteten dort ungeduldig, bis die Kammer mit Blutplasma gefüllt war.

Dann öffneten sie die Außentür. Jede Bewegung war schwer. Sie mussten gegen den Blutstrom ankämpfen. Mit kräftigen Schwimmzügen erreichten sie den Laderaum des Bootes und zerrten die Spirale heraus. „Vorsichtig", flüsterte Dr. X. „Haltet sie gut fest. Sie darf auf keinen Fall in den Blutstrom gelangen." Nano und Marie hielten die Metallspirale mit beiden Händen fest und zogen sie zu der Aussackung. „Ich habe zu wenig Kraft", sagte Marie. „Das schaffen wir schon", beruhigte Nano seine Schwester. Nach und nach gelang es den beiden Bodynauten, die Spirale in die Blase zu stopfen, doch plötzlich bewegte sie sich keinen Millimeter mehr.

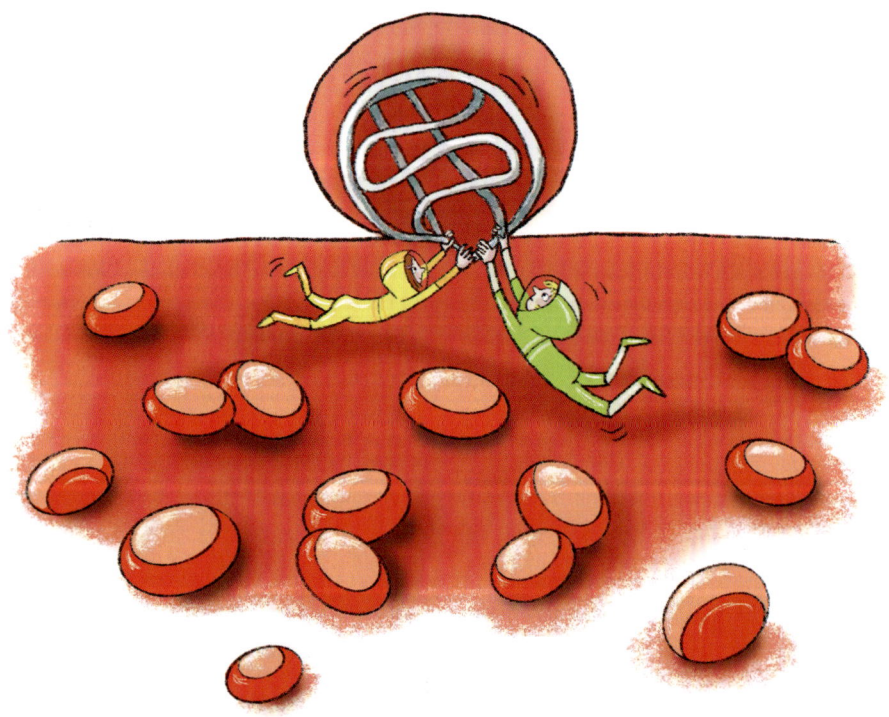

„Sie hängt fest", sagte Marie. „An einem winzigen Stück von der Ader oder dieser Ablagerung. Wie bekommen wir das weg?"

„Bleib hier", sagte Nano. „Ich hole den Laser."

„Aber ich will nicht allein in Opas Kopf bleiben", entgegnete sie.

„Es muss sein", sagte er und stieß sich ab.

Bald erreichte er den kleinen Laderaum und kehrte mit zwei Laserwaffen zurück. Eine überreichte er Marie.

„Ziel auf das kleine Gewebestück oder was immer das ist", sagte er. „Ich zähle bis drei, dann schießen wir."

Beide hoben die Laserwaffen und zielten.

„Eins, zwei, drei", zählte Nano.

Grelles Licht flammte auf. Dann war das Gewebestück verschwunden. Die Coil ließ sich in die Blase schieben.

„Perfekt", freute sich Dr. X. „Jetzt verhindert die Coil, dass weiterhin Blut durch die Blase fließt und so Druck ausübt. Nun bildet sich dort langsam ein Blutgerinnsel und die Aussackung schließt sich."

„Schaut noch mal nach, ob die Coil nicht aus der Blase rutschen kann", fügte Micro Minitec noch hinzu.

„Die sitzt perfekt", versicherte Nano.

„Ihhh!", schrie Marie in diesem Augenblick.

„Da kommen diese weißen Dinger wieder!"

„Weiße Blutkörperchen", sagte Nano. „Schnell!"
Nano und Marie nahmen ihre Laser und richteten
sie auf die angreifenden Killerzellen.

„Feuer!", rief Nano und drückte ab.

Schon zerplatzte der Angreifer. Auch Marie erwischte
einen der Leukozyten.

„Es sind zu viele!", sagte Nano. „Lass uns lieber schnell
zurück zum Boot schwimmen."

Sobald sie in ihren Sitzen saßen, startete Nano das
Boot und raste so schnell wie möglich davon. Geschickt
kurvte er zwischen den weißen Zellen hindurch und
nahm dann ordentlich Geschwindigkeit auf, bis kein
weißes Blutkörperchen mehr zu sehen war. Beide
atmeten erleichtert auf. Da verdunkelte plötzlich
ein großer Schatten das Scheinwerferlicht.

„Oh je", sagte Marie. „Ein Riesenblutkörperchen?"

„Nein, das ist etwas anderes", meinte Nano und sah
nach oben. „Und bestimmt nichts Gutes."

Über dem Miniboot näherte sich langsam ein
metallisch glänzender Zylinder, der am vorderen Ende
einen Scheinwerfer und drei Tentakel besaß. An den
Spitzen dieser Tentakel bewegten sich kleine Greifer.
Das Ding war größer als ihr rotes Miniboot.

„Was ist das?", wiederholte Marie ihre Frage.

„Das ist der Nanobot, den Götz von Schlotter nach meinen Plänen gebaut hat", schrie Micro Minitec mit bebender Stimme. „Den hatte ich ganz vergessen." Der Nanobot verlangsamte seine Fahrt.

„Er hat uns bemerkt", hauchte Marie. „Was sollen wir jetzt bloß machen?"

„Wir können nichts machen", gab Micro Minitec kleinlaut zu. „Und ihr auch nicht."

„Wir sitzen in der Falle", flüsterte Nano.

Ob Nano und Marie aus dieser
Falle entkommen können,
erfährst du in Band 4!

# Die Reise geht weiter!

Nano und Rappel meistern auf ihrer Reise durch Micro Minitecs Körper rasante Slalomfahrten und begegnen gruseligen Monstern. Dabei erfahren sie Unglaubliches über den menschlichen Körper. Bis es am Blinddarm dann richtig gefährlich wird ...

## Band 1: Die geheimnisvolle Villa

ISBN 978-3-7886-4411-6

Nano lernt den pfiffigen Arzt Dr. X und seine Assistentin Micro Minitec kennen. Sie zeigen ihm die genialste aller Erfindungen: den Turbobeamer! Der funktioniert sogar noch besser, als die beiden denken. Ein unglaubliches Abenteuer beginnt!

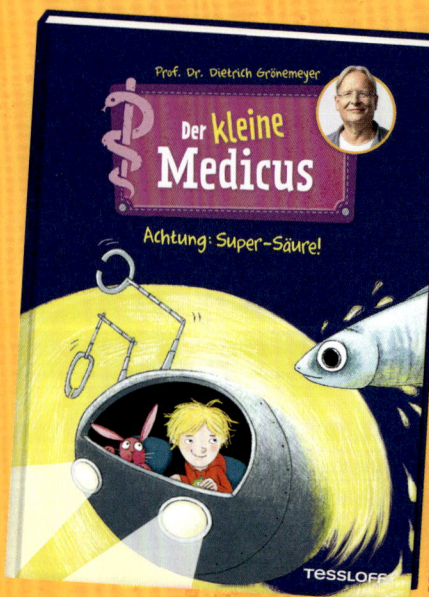

ISBN 978-3-7886-...

## Band 2: Achtung: Super-Säure!

Nano und Marie merken schnell, dass der Nanobot in Opas Gehirn nichts Gutes im Sinn hat. Um ihren Opa zu retten, wagen die beiden eine riskante Laseroperation und begeben sich auf eine wilde Verfolgungsjagd durch Opas Körper. Werden sie den Nanobot stellen können?

Band 3: Von Viren umzingelt

ISBN 978-3-7886-4413-0

ISBN 978-3-7886-4414-7

Band 4:
Ein gefährlicher Auftrag

Weitere Abenteuer folgen!

## Prof. Dr. Dietrich Grönemeyer

Prof. Dr. Dietrich Grönemeyer ist eigentlich Arzt. Er hat aber auch schon viele Bücher geschrieben. Denn er erzählt gerne von all dem, was er über den Körper und die Heilung und Vorbeugung von Krankheiten weiß. Und wenn er mal mit Nano mitfahren könnte? Dann würde er bestimmt trotzdem ordentlich ins Staunen geraten.

© Stefan Nimmesgern – laif

## Sabine Rothmund

© Sabine Rothmund

Sabine Rothmund hat schon als Kind gerne gezeichnet. Eigentlich immer und überall. Am liebsten in Schulhefte. Später hat sie ihre Leidenschaft zum Beruf gemacht und Kommunikationsdesign studiert. Jetzt freut sie sich, den kleinen Medicus zeichnen zu dürfen. Und Kannickel. Weil er genauso lustig hüpft wie ihr eigener Hund.